T. Avitabile

Le avventure di Valleserena

Storie di animali ed amicizia

LIBRO AD ALTA LEGGIBILITÀ

ISBN: 979-12-20340-65-6

Titolo: Le Avventure di Valleserena. Storie di animali ed amicizia

Autore: Tonia Avitabile

Copyright © 2021 T. Avitabile

Racconto e illustrazioni di T. Avitabile

Un ringraziamento speciale alla mia grafica personale, M. Naclerio, per l'aiuto e la pazienza.

Font: OpenDyslexic

Prima Edizione: Aprile 2021

Tutti i diritti riservati. Ogni riproduzione dell'opera, anche parziale, è vietata.

Le avventure di Valleserena

A GAETANO, FILIPPO
E A TUTTI I BIMBI DEL MONDO.

Un bambino che sa immaginare
Mondi fantastici
Sarà un adulto che avrà amore
Per l'intero Universo.

CAPITOLO 1
UN GIRINO BIRICCHINO

Molto lontano da qui, nello stagno di Valleserena, vivono felici tanti animaletti. C'è Nonno Gufo, che controlla tutto e tutti dall'alto del suo ramo. C'è German l'anatra selvatica, Sam la salamandra e un gruppo di rane.

Oggi è un giorno speciale perché due mesi fa, in primavera, Mamma Rana ha deposto più di mille uova ed ora tutte quelle piccole uova stanno per schiudersi. Per gli animali dello stagno è un evento molto importante, così Papà Ranocchio, insieme ai suoi amici Flip e Flop, ha deciso di fare un bellissimo concerto.

Tutti e tre i ranocchi salgono su un piccolo masso che affiora appena dall'acqua dello stagno, gonfiano i loro petti come palloncini e cominciano a gracidare felici.

Ed ecco, all'improvviso, si schiude il primo uovo, poi un altro e un altro ancora. Tanti piccoli girini cominciano a nuotare nello stagno, giocando a rincorrersi allegramente.

Mamma Rana non riesce proprio a farli stare fermi, così prende quello più vivace di tutti per la codina e decide di chiamarlo "Corridore".

Ma mentre cerca di convincerlo a stare fermo, Corridore con un guizzo le sfugge dalle zampette e si rituffa in mezzo ai suoi mille e più fratelli.

Povera Mamma Rana! Come farà per tenere a bada tutti quei piccoli?
Ha la testa che le gira a furia di cercare di contarli tutti! Così si siede rassegnata su un

sasso e chiude gli occhi per riposarsi un momento.

All'improvviso, però, si sente un rumore di passi e le voci di due bambini che si avvicinano ridendo.

"Presto", ordina Nonno Gufo, "German suona la ritirata". German, l'anatra selvatica, comincia a starnazzare e a sbattere le lunghe ali "Pericolo, pericolo, esseri umani in avvicinamento!" e si alza in volo per fare una ricognizione aerea della zona.

Nel frattempo, Papà Ranocchio ha radunato tutti i suoi piccoli sotto un masso, e tutte le rane si sono nascoste sott'acqua. Tutti tranne uno: Corridore, infatti, nuota impavido in giro per lo stagno. Il piccolo girino non capisce quanto sia pericoloso avere a che fare con gli "umani" e incuriosito dai due bambini che sono appena giunti allo stagno si avvicina baldanzoso per fare amicizia.

Le avventure di Valleserena

"Chissà cosa sarà quell'oggetto misterioso che ha in mano il bambino" pensa Corridore, "forse è un giocattolo..."

E zac! Finisce nel retino di Timmi, che grida tutto eccitato: "L'ho preso, l'ho preso! Ho preso un girino, Miriam!" Oddio, e adesso?

Sam Salamandra decide di intervenire prima che sia troppo tardi e balza sulle scarpette del bimbo. Miriam urla spaventata e scappa, perché il suo papà le ha detto che le salamandre possono essere velenose. Timmi perde il retino dalle mani, cosicché Corridore è di nuovo libero.

Ma mentre si sta allontanando, sente che il bimbo piange disperato, perché non può recuperare il suo retino, che è finito troppo lontano dalla riva, ed è caduto in fondo allo stagno. Così Corridore torna indietro.

"Non piangere, dai" dice a Timmi, "se

Le avventure di Valleserena

prometti di non catturarmi più, ti faccio aiutare a riprendere quel coso che avevi in mano!"

"È un retino" risponde Timmi "L'ho ricevuto per il mio compleanno!" "Ma perché mi volevi acchiappare?"

"Io e Miriam volevamo portarti a casa e metterti in un barattolo di vetro, per avere un amico con cui giocare. Zampalesta, il nostro cane pastore, non può più stare con noi come in inverno, perché deve badare alle pecore al pascolo. Io e Miriam non abbiamo nessun amico con cui giocare!"

"Ma non hai altri fratelli e sorelle?" chiede Corridore "No" risponde Timmi.

Questa storia che Timmi ha una sola sorella a Corridore sembra veramente strana. Lui ne ha più di quattrocento, e ha scoperto che non c'è niente di più divertente che lanciarsi nel gruppo e tirare la codina a tutte quelle che gli capitano a tiro. E poi la sorella di Timmi non ha neanche la coda! Povero bambino... deve aiutarlo!

"Senti" dice Corridore a Timmi "Se sei disposto a fare un giuramento di eterna amicizia con me, io ti faccio recuperare il retino dal mio amico German e ti prometto che ogni volta che tu e la tua sorellina verrete allo stagno io giocherò con voi. Che ne dici?"

"Va bene" risponde entusiasta Timmi, che non ha mai avuto un amico girino.

"Allora ripeti con me" esclama Corridore, tutto serio

"Giuro e prometto che se anche diventerò un ometto, non catturerò nessun animaletto.
Se manco al giuramento, che nel giro di un'ora mi possa crescere la coda!"

Il bambino ripete obbediente la strana filastrocca, mentre Nonno Gufo, che dall'alto del suo ramo ha ascoltato tutto, richiama German. Ed ecco, l'anatra si tuffa veloce nell'acqua, scende giù da esperto nuotatore, afferra tra le zampe il retino e risale in superficie. Poi nuotando velocemente lo riporta a riva e lo depone ai piedi di Timmi.

"Ah!" pensa sorridendo Nonno Gufo "Se gli umani restassero sempre bambini il mondo sarebbe molto più bello e molto meno pericoloso!" e lui ne sa qualcosa, visto che una volta, qualche anno prima, un uomo lo aveva catturato e chiuso in una gabbia.

Timmi raccoglie il suo retino e saluta gli animaletti, tutto felice di aver trovato tanti nuovi amici. Ora, però, deve tornare a casa, sicuramente i suoi genitori si staranno preoccupando. E poi deve far fare il sacro giuramento anche a Miriam prima di riportarla allo stagno. Così si allontana salterellando, ripetendo a gran voce:

"Giuro e prometto che se anche diventerò un ometto, non catturerò nessun animaletto.

Se manco al giuramento, che nel giro di un'ora possa crescermi la coda!"

CAPITOLO 2
MAMMA FLO E I SUOI PICCOLI

Siete mai stati nei Paesi del Nord?
Fitte foreste di pini, meravigliosi laghi in cui si specchiano il cielo e le alte montagne e castelli e neve, tanta neve.

Due anni fa Flo, un'allegra anatra selvatica, durante il suo soggiorno invernale nei caldi Paesi del Sud, ha conosciuto un giovane maschio. E' stato amore a prima vista per entrambi, cosicché le due anatre sono diventate inseparabili e passano tutta la giornata insieme, andando a caccia di piccoli pesci o lisciandosi le belle piume lucide a vicenda.

Ma si sa, l'inverno passa veloce e la nostalgia della casa è sempre molto forte, quando si è lontani da essa. Così, sul finire dell'inverno, Flo comincia a pensare e ripensare alle alte montagne del nord.

Ogni giorno vede passare stormi di uccelli che ritornano a casa per l'estate. E anche lei vorrebbe ripartire, ma il suo compagno ancora non ne vuole sapere: ama troppo quel fiume di montagna dove ha trovato cibo e quiete.

Così alla fine la giovane anatra decide che partirà da sola, col primo stormo di anatre che vedrà passare: è quasi ora per lei di deporre le uova, e si sa che i maschi della sua specie non si occupano mai dei piccoli. Dopo una settimana circa di trepidante attesa, ecco finalmente arrivare uno stormo di anatre selvatiche.

Si posano lungo le rive del fiume per riposare un pò, prima di riprendere il volo verso Nord. Flo conosce parecchie di quelle anatre, perché vivono nelle vicinanze del lago dove lei è nata e cresciuta.

Così decide di unirsi allo stormo e partire per fare ritorno a casa insieme a loro. Com'è bello il mondo visto dall'alto! Com'è bello volare tutti insieme formando una lettera V nel cielo!

Tutto diventa più facile insieme: lungo la strada Flo può contare sull'aiuto degli altri componenti dello stormo, e sa che se dovesse ferirsi o ammalarsi le altre anatre non la abbandonerebbero mai, le resterebbero accanto per poi proseguire insieme fino alla meta.

Ogni tanto il leader dello stormo, che si stanca più degli altri, lascia il posto ad un'altra anatra e si dirige in fondo alla formazione per riposarsi un poco e così il viaggio prosegue. È un viaggio lungo e faticoso, ma bellissimo.

Flo e il suo stormo sorvolano campi e città, alte montagne e dolci pianure, e fiumi e strade,

Le avventure di Valleserena

e tutto dall'alto sembra piccolo, piccolo. E finalmente, ecco apparire all'orizzonte le montagne del Nord, gli alti pini e infine il lago: ecco, Flo ora è di nuovo a casa.

Non appena si è riposata e ha ripreso le forze, la giovane anatra inizia a costruire il nido: raccoglie piccoli rametti e foglie da intrecciare con le sue piume per formare una specie di cesto. E' proprio bello questo nido, costruito nei pressi del lago e nascosto tra la fitta vegetazione. Ogni giorno l'anatra depone un uovo, fino al decimo giorno, quando decide di iniziare la cova.

Oggi, però, è un po' affamata e così si reca al lago per bere e cibarsi. Ma ecco, in sua assenza, la volpe Furbetta pensa bene di rubare due uova a Flo: sono giorni, ormai, che sorveglia il nido con la speranza di compiere il furto. Nella sua tana ci sono due cuccioli affamati che questa sera avranno una bella frittata per cena.

Le avventure di Valleserena

Quando Flo scopre che due uova sono sparite va su tutte le furie e dalle impronte lasciate al lato del nido capisce subito che è stata volpe Furbetta. Ma non le permetterà di rubarne ancora! Questo è certo!

Così riprende a covare, ma quando deve lasciare il nido per mangiare e bere, pattuglia prima la zona accanto al suo rifugio. Per ben tre volte ha sorpreso volpe Furbetta nascosta tra l'erba alta e l'ha fatta scappare beccandole la coda.
Sicuramente l'animale troverà qualcos'altro da dar da mangiare ai suoi cuccioli, Flo lo sa, ma di certo non avrà le sue uova!

Poi, finalmente, dopo 27 giorni di cova, ecco un piccolo anatroccolo giallo e marrone scuro venir fuori dal guscio tutto allegro.

In un batter d'occhio, una alla volta, tutte le uova si schiudono e tutti e otto gli anatroccoli cominciano ad agitarsi intorno alla loro

mamma.

"Qua, qua" dice Flo severa "piccoli in riga: un-due, un-due, passo, seguitemi, andiamo al lago per la vostra prima lezione di nuoto e pesca. Forza!"

Non ci crederete, ma tra quegli otto piccoli monelli, c'è anche il nostro German. E così ora inizia la sua storia...

CAPITOLO 3
GERMAN L'ANATRA ESPLORATRICE

German e suo fratello George sono sicuramente i più vispi e ardimentosi cuccioli della nidiata di Flo. Appena arrivati al lago, infatti, invece di ascoltare i consigli della mamma si sono lanciati a testa in giù in acqua. Menomale che tutti gli anatroccoli hanno la capacità innata di nuotare!

Mamma Flo ha dovuto ripescare i due monelli per la coda e spiegargli che l'immersione è la terza lezione del corso di nuoto, non la prima... Ah! Quei due le daranno di sicuro del filo da torcere! Se lo sente!

E infatti eccoli scorrazzare per il lago

allontanandosi di continuo dalla mamma. Tutto il giorno avanti e indietro, finchè la zampetta di German non resta impigliata in un ramo secco. Il piccolo anatroccolo tenta invano di liberarsi, ma, dopo un po', stanco e spaventato, comincia a piangere e gridare "aiuto, mamma, aiuto!"

Mamma Flo lo libera lesta lesta, e decide che per oggi può bastare: meglio tornare al sicuro nel nido. Rimette in fila i suoi otto anatroccoli e poi si avvia al passo un, due, un due verso casa. Il povero German, con la zampetta dolorante, fa fatica a stare dietro al gruppo, è triste e infelice e pensa che forse la sua mamma non gli vuole più bene, visto tutti i pasticci che ha combinato oggi!

Ma Mamma Flo è sempre attenta ai suoi piccoli, così arrivati al nido, sospinge col becco German al caldo sotto la sua ala e vedendolo triste gli spiega che le mamme devono sgridare i propri piccoli, quando sbagliano,

perché devono insegnargli le cose necessarie alla sopravvivenza, e poi lui un giorno sarà un bellissimo maschio ed è molto importante che impari a diventare responsabile di sé stesso e degli altri.

Voler bene a qualcuno non vuol dire accontentarlo sempre. Ora German è di nuovo felice, chiude gli occhietti e si addormenta tranquillo ascoltando il battito regolare del cuore della sua mamma che fa pum-pum, pum-pum, pum-pum.

Il tempo passa veloce e German e i suoi fratellini crescono in fretta, imparando ogni giorno cose nuove. German è sempre il più indipendente della nidiata e spesso si allontana tutto solo per esplorare i dintorni del lago.

Ormai è abbastanza grande e Mamma Flo lo lascia andare tranquilla perché gli ha spiegato tutti i pericoli che ci possono essere nei dintorni. Ma ecco che stamattina è successo l'imprevedibile: mentre German è a pesca con la mamma e i fratelli, riesce a catturare un bel pesciolino, e visto che ha paura che qualcuno glielo porti via, va a nascondersi tra l'erba alta ai margini del bosco.

Tutto a un tratto, mentre sta per godersi beatamente il suo pranzo, tac: con un abile balzo Codarossa, uno dei due cuccioli di volpe Furbetta, cattura German. Che spavento!

Per quanto il povero anatroccolo si dibatta e becchi la piccola volpe non riesce a liberarsi. Ormai German pensa di essere spacciato, quando gli viene in mente un'idea, e propone a Codarossa uno scambio.

"Senti" gli dice spaventato "se non mi mangi io ti porterò ogni giorno un pesce, così potrai sfamarti sempre senza nessuna fatica".
"Non so" risponde incerta Codarossa "io sono una volpe, non ho mai mangiato un pesce in vita mia, e poi mia madre dice sempre che le

anatre sono molto saporite e che noi siamo dei predatori, perciò dobbiamo cacciare per nutrirci e sopravvivere".

"Perché non assaggi il mio pesce? Così potrai decidere se ti piace o no. Poi le mamme dicono sempre tante cose, ma io certe volte non le do retta."

"Questo è vero, anche io certe volte non le do retta, soprattutto quando mi dice di lavarmi il pelo tutti i santi giorni. Io certe volte non ne ho proprio voglia. Preferisco giocare. Va bene, adesso assaggio il tuo pesce e poi vediamo.... Uhm, è buono questo pesce. Ma chi mi dice che se ti libero me ne porterai ancora?"

"Te lo prometto sulle piume della mia coda! E poi dopo che hai finito di mangiare potremmo giocare un po' insieme. Io conosco dei giochi divertentissimi, sai?"

"Ok, giochiamo, ma è meglio che io non dica

niente di tutta questa storia alla mamma. Lei si arrabbierebbe moltissimo. Dice sempre che gli animali che non sono della nostra stessa razza sono diversi e bisogna tenerli sempre a distanza."

"Certo che siamo diversi, ogni cucciolo è diverso da un altro, ma per essere amici non c'è bisogno di essere uguali, non credi?"

E così nasce la strana amicizia fra questi due cuccioli. Ogni giorno German porta un pesce a Codarossa, e si ferma a giocare con lui per un po' di tempo.

Chi ha mai detto che l'amicizia ha una razza? Chi ha mai detto che se non si hanno penne o pelliccia uguali bisogna essere nemici? In fondo l'amicizia è stare insieme in allegria, dimenticandosi delle diversità. In fondo la felicità è avere un amico con cui giocare, e questo i grandi spesso lo dimenticano...

E così, tra giochi e nuotate al lago, l'estate passa e German cresce. Ormai l'autunno è alle porte e German è diventato un giovane maschio forte e pronto a migrare al sud per l'inverno, insieme a Mamma Anatra e ai suoi fratelli.

Perciò, per salutare il suo amico Codarossa, cattura un bel pesce grasso e lucido, glielo porta in regalo e gli spiega che non sa se e quando ritornerà, ma è felice di fare questo viaggio, così conoscerà il mondo e diventerà un'anatra adulta. Anche Codarossa è diventato grande e presto costruirà la sua tana e andrà a vivere da solo perché ormai sa badare a sé stesso.

Ed ecco arrivare il fatidico giorno: nell'aria risuonano i richiami di tante anatre che si stanno organizzando per partire insieme. Quando lo stormo si è radunato, una delle anatre più esperte spicca il volo seguita da tutte le altre che si dispongono ai due lati della prima, formando una bellissima lettera V nel cielo. German si trova nel gruppo di destra, è molto emozionato e pensa che anche lui un giorno potrà stare in testa alla formazione per un tratto del viaggio e questo lo rende felice.

Ma com'è lontano il Sud! Durante il percorso, di tanto in tanto, si fermano per riposarsi e nutrirsi, affrontano molti pericoli e si aiutano l'un l'altro nelle difficoltà. Poi ripartono guidati dall'istinto e, sfruttando le correnti, viaggiano sulle ali del vento. E finalmente ecco l'aria diventa più tiepida: il freddo nord ormai è lontano.

Mamma Anatra decide di fermarsi nello stesso posto dell'anno prima, dove ha conosciuto il padre di German. Così si stacca dallo stormo insieme ai suoi figli e si posa lungo le rive del fiume.

È incredibile! Il suo compagno è ancora là

perché ormai è diventato un'anatra stanziale. Appena il papà di German li vede arrivare si affretta ad andare loro incontro e li saluta allegramente, poi tutti insieme vanno a pescare. La sera Papà Anatra racconta a tutti loro che lui ha scelto di restare a vivere per sempre sul fiume perché lì ha trovato tanti amici. La casa non sempre è dove si nasce, molte volte la nostra casa è dove trova quiete e gioia il nostro cuore.

Così il mite inverno del Sud arriva. Ma dopo poco più di un mese, German comincia ad essere inquieto. Il suo carattere ribelle lo spinge a cercare nuove avventure, e dopo qualche incertezza, saluta la sua famiglia e riprende da solo il suo viaggio.

Ma la sua poca esperienza presto lo mette a dura prova: non sa bene che direzione prendere, né dove fermarsi e intanto all'orizzonte si avvicina la tempesta. In un batter d'occhio grosse nubi oscurano il sole e

si scatena un terribile temporale: tuoni, lampi, vento e tanta pioggia costringono German ad un atterraggio d'emergenza. Purtroppo, nel posarsi a terra il nostro giovane amico si ferisce un'ala. Povero German!

Solo e disperato rimpiange lo stormo e finalmente capisce l'importanza di fare le cose assieme per sostenersi l'un l'altro! Pian piano si trascina a fatica sotto una grande roccia per ripararsi dalla pioggia e ritrovare le forze. Il temporale dura tutta la notte, finché finalmente il giorno dopo rispunta il sole.

German è veramente disperato perché con l'ala rotta non può più volare e ora è facile preda di qualsiasi animale. Ma quando tutto ormai sembra perduto, sente qualcuno che lo chiama: "Ehi, tu! Giovanotto!"

German alza gli occhi, e scorge un vecchio gufo sul ramo più basso di un albero lì vicino.

"Ciao, sono German. Ho un'ala rotta... mi puoi

Le avventure di Valleserena

aiutare?"

"Certo" risponde il vecchio gufo "Adesso scendo giù e vediamo che si può fare... penso proprio che tu abbia ragione: la tua ala è rotta! Ma non ti preoccupare: sei giovane, devi tenerla ferma per un po' di tempo, ma poi guarirà. Conosco delle erbe che fanno al caso tuo... dopo vado a cercarle. L'importante, ora, è che tu ti metta al sicuro. Seguimi, non lontano da qui c'è un lago e c'è un rifugio che fa al caso tuo. Io volerò da un ramo all'altro per controllare se ci sono pericoli e tu mi seguirai camminando, visto che non puoi volare. Andiamo, presto!"

Così German segue il gufo a fatica, ma con l'ala penzolante non può fare altro. In poco più di mezz'ora eccoli finalmente arrivare in una bella vallata con al centro un lago e poche case in lontananza.

"Seguimi German, andiamo al lago! Questa è Valleserena, e io vivo qui insieme ad altri miei amici, che di sicuro ti aiuteranno".

Infatti, appena arrivati al lago ecco spuntare rane, piccoli uccelli e altri animaletti da ogni dove.

"Questo è German, è ferito e ha bisogno del nostro aiuto" esordisce il gufo.

"I tuoi amici sono anche amici nostri" risponde una rana.

Così mentre il gufo va a cercare le erbe per curare l'anatra, il resto degli animaletti procura del cibo e trova un riparo per German.

"Grazie, grazie a tutti, non so come avrei fatto senza il vostro aiuto!" esclama German felice.

"Qui Nonno Gufo è il più anziano" cinguetta un passerotto "e tutti noi seguiamo sempre i suoi saggi consigli. Puoi fermarti qui per tutto il tempo che vuoi, noi siamo una grande famiglia, perché stare insieme rende tutto più facile e più bello."

Così German si ferma a Valleserena, e capisce presto che il passerotto ha proprio ragione: stare insieme agli amici rende tutti più felici.

Dopo un po' la sua ala finalmente guarisce, ma anche German, come suo padre, in quel posto ha trovato una casa per il suo giovane e irrequieto cuore. Decide così di fermarsi su quel lago dove lo ha portato il suo lungo viaggio e forse la fortuna: lì sicuramente ci saranno altre bellissime avventure da vivere e, ne sono sicura, prima o poi qualcuno le racconterà.

Le avventure di Valleserena

CAPITOLO 4
BINNI, BETTI E BLU

Ci credereste bimbi? Tanti e tanti anni fa anche Nonno Gufo è stato piccino! E quella che vado a raccontarvi è proprio la sua storia.

Nonno Gufo e le sue due sorelline Binni e Betti sono nati in un albero cavo dove la loro mamma ha deposto le sue uova. Nella grande foresta che circonda la palude di Acquaferma, l'albero cavo è la casa non solo della famiglia di Nonno Gufo, ma anche di un'allegra scoiattolina ghiotta di nocciole.

Ah! A proposito, mi sono dimenticata di dirvi che Nonno Gufo in realtà si chiama Blu, perché, non si sa per quale scherzo della natura, è nato con una piuma blu sulla piccola coda.

Blu è il più piccolo della sua nidiata perché, come ben saprete, nella specie dei gufi le femmine sono molto più grandi dei maschi. Così Binni e Betti, durante il loro primo mese di vita, quando vanno a zonzo nei boschi, si portano sempre dietro il fratellino più piccolo.

Oggi Binni, Betti e Blu hanno deciso di andare in cerca di frutti di bosco perciò si sono avviati lungo un sentiero sconosciuto, volando di cespuglio in cespuglio. Blu essendo il più piccolo non riesce a stare dietro alle sorelle, e a un certo punto, ormai stanco, si ferma per riposarsi un po' e si addormenta.
Nel frattempo Binni e Betti hanno raggiunto una radura piena di lamponi e cominciano ad assaggiarne qualcuno. Solo allora le due sorelline si accorgono che Blu non c'è.
"E' terribile, Binni, abbiamo perso Blu! Dove sarà finito?"

"Non saprei Betti... dobbiamo trovarlo subito. Qualche animale selvatico potrebbe attaccarlo e mangiarselo in un sol boccone!"

"Povere noi, che diremo a mamma e papà?" esclamano le due povere gufette disperate. E così decidono di rifare il sentiero al contrario, nella speranza di ritrovare Blu. Ma il bosco accanto alla palude di Acquaferma è molto fitto. Ben presto smarriscono la strada e, arrivate ad un incrocio, non sapendo dove andare, cominciano a litigare: "Siamo venute da destra Betti, sono sicura"

"No Binni, vedi quell'albero laggiù? Ci siamo passate accanto prima di arrivare qui!"
"Ne sei proprio sicura? Io non mi ricordo di nessun albero!"
"Ti dico di sì!"
"Ti dico di no!"
"Siiii!"
"Nooo!"
"Siiii!"

"Ehi, voi due pazze, la volete finire di urlare? Mi state facendo venire il mal di testa!" esclama arrabbiato un riccio, spuntando all'improvviso da un cespuglio.

"Non mi meraviglio che vi siate perse. Alla vostra età non dovreste andare in giro da sole, visto che non sapete ancora volare bene"

"Non solo ci siamo perse" risponde Binni "ma abbiamo perso anche il nostro fratellino Blu."

"Siamo disperate!" aggiunge Betti cominciando a piagnucolare.

"Sù sù, ci sono qua io" risponde il riccio "Fatemi annusare la vostra coda, e in un batter d'cchio ritroverò la strada che avete percorso e anche il vostro fratellino."

Così dicendo si avvicina a una delle due gufette e le annusa la coda. Poi solleva il piccolo muso, si gira di qua e di là, osserva

l'erba tutt'intorno ed esclama: "In marcia ragazze, da quella parte ci sono impronte di gufo e odore di piume, è da lì che siete venute."

Così la piccola brigata si avvia a passo veloce nella direzione indicata dal riccio, mentre Binni e Betti chiamano Blu a gran voce.
"Blu, blu, rispondi!"
Dopo un po' di strada e molti richiami, finalmente Blu risponde: "Sono qui, sono qui!"

Ed eccolo, infatti, apparire all'improvviso mezzo arruffato e per niente spaventato. Infatti il piccolo gufo non si era neanche accorto dell'assenza delle sorelle, perché aveva passato il tempo a dormire beatamente.
"Sei sano e salvo, Blu!" esclamano le due gufette.

"Il riccio ci ha salvate. Torniamo a casa prima che mamma e papà scoprano la nostra assenza." E così Binni, Betti e Blu ringraziano il

riccio e tornano felici all'albero cavo, dove i loro genitori li stanno aspettando con delle prede saporite per cena.

Ben presto quando alla primavera segue la calda estate, Binni, Betti e Blu, ormai grandi, lasciano il nido per andare alla scoperta del mondo. Per due lunghi mesi i tre viaggiano insieme, cacciando all'alba e al tramonto, e nascondendosi di giorno in qualche fessura nella roccia o in qualche albero cavo. Insieme volano di bosco in bosco, di montagna in montagna, e ogni giorno è una splendida avventura.

Poi, verso metà estate, Blu e le sue sorelle decidono di separarsi: Binni e Betti volano ad ovest e il giovane gufo decide di spostarsi a sud. Blu vuole finalmente vedere una città. Molti uccelli che hanno conosciuto durante il loro viaggio hanno raccontato cose incredibili di quegli strani posti, pieni di case, uomini e di luci colorate che si accendono ogni volta che il sole tramonta. Così, dopo parecchi giorni di volo, il giovane gufo vede finalmente in lontananza una grande città, circondata da campi arati e da un piccolo bosco.

Blu decide che lì può senz'altro trovare un buon nascondiglio per il giorno, perciò si mette a controllare la zona. Piccoli animali e alcuni uccelli abitano il posto, e ben presto il gufo fa amicizia con tutti e trova anche un buon nascondiglio.

La città è un luogo strano: anche di notte c'è luce, anche di notte le persone escono per chissà quali motivi e le macchine corrono di qua e di là senza sosta. È così che, una notte di luna piena, mentre il gufo vola basso sulle strade illuminate, urta contro un filo della luce e cade a terra stordito.

Ed ecco, mentre sta cercando di alzarsi in volo, viene catturato da un uomo che lo porta via nel cofano della sua macchina. Povero Blu!

Anche se riesce a vedere anche al buio scappare dall'auto è impossibile, e così, dopo una mezz'ora di strada, il gufo si ritrova in casa dell'uomo, chiuso in una gabbia. Blu è un uccello selvatico, abituato a vivere libero nei boschi, è infelice e dopo qualche giorno di disperazione comincia a pensare a come fare per scappare da quella gabbia.

Ogni giorno l'uomo che lo ha catturato nutre lui e il vecchio gatto che vive in casa e che passa le giornate a sonnecchiare sul suo morbido cuscino.

"Ecco" pensa il giovane gufo "devo fare amicizia con quel gatto, è lui la mia unica speranza".

"Ehilà, signor micio, come stai? Io mi chiamo Blu, e tu?"

"Gru? Che gru? Tu non sei una gru, sei uno stupido gufo che non si è mai guardato allo specchio, altrimenti sapresti che razza di uccello sei!" risponde stizzito il vecchio gatto mezzo sordo.

Le avventure di Valleserena

"Non ho detto gru, ho detto Blu!" ripete il gufo alzando il tono della voce.

"Giù? Giù dove? Ma di che parli stupido uccello e perché continui a importunarmi durante la mia ora di meritato riposo? Oggi il mio padroncino mi ha dato una scatoletta gusto pollo, invece che salmone e la mia digestione ne è stata compromessa gravemente! Un gatto col mio pedigree e i miei trascorsi si merita il meglio!

Ah, quando tutte le gatte del vicinato impazzivano per me e, nelle notti di luna, giocavamo a rincorrerci sui tetti! Che bei tempi!

E i topi! I topi mi chiamavano il terrore delle tenebre! Ed ora eccomi qui: importunato da un gufo che pensa di essere una gru. Io, gatto Mammone, il genio della caccia, l'unico e solo padrone di casa! Ancora ricordo l'urlo d'attacco quando con un balzo felino catturavo la preda: miaaaaooo... miuu miuu... ronf-ronf... miaooo..." e il gatto è bello che addormentato.

"Alla faccia dell'urlo d'attacco!" pensa sfiduciato Blu.

"E come faccio a convincere quella palla di pelo ad aprire la gabbia? Già è tanto se tiene gli occhi aperti!

Devo cercare di farlo ingelosire: da oggi in poi gli farò credere che il suo padrone mi tratta meglio di lui e mi dà da mangiare salmone tutti i giorni. Vedremo se riuscirà a muovere quel suo grasso sedere dal cuscino, parola di Blu!"

Così ogni giorno, per un'intera settimana, ogni volta che riceve il suo cibo, finge che sia salmone, ma il vecchio gatto mezzo sordo ogni volta fraintende le parole di Blu. Finchè, una domenica di sole, accade quello che il gufo stava aspettando con tanta ansia.

Il padrone del gatto arriva tutto allegro, apre le finestre, dà ai due animali il loro cibo, poi fischiettando prende la sua giacca ed esce. Il vecchio gattone, si stiracchia pigramente, scende dal divano e va verso la sua ciotola.

"Ehi gatto Mammone hai visto che ho salmone per pranzo?

Buono, uhm, buono, troppo buono!"

"Un tuono? Che tuono?" replica il gatto spaventato rizzando le orecchie "Presto, presto, serrare le finestre, chiudere tutte le aperture, pioggia in arrivo!" e comincia a correre come impazzito per tutta la stanza. Arrivato sotto la finestra, però, si accorge che fuori c'è un sole accecante e si ferma di botto.

"Stupido uccellaccio del malaugurio! Prendere in giro me, che ho antenati illustri! Come hai osato? Hai decretato la tua fine! La tua ora è ormai giunta! Il terrore delle tenebre farà giustizia una volta per tutte! All'attacco! Miaooooooooooo..." e così dicendo con un balzo si avventa sulla porta della gabbia e la tira a sé con tutta la forza che ha il corpo.

Ma appena la porta si spalanca Blu prende il volo, e nella confusione che ne segue il povero gatto finisce a zampe all'aria sul pavimento.

Le avventure di Valleserena

Nel frattempo Blu è volato fuori dalla finestra, nuovamente libero, e dopo quello che ha passato non si ferma nel boschetto accanto alla città, ma vola via lontano. Fino a notte fonda il giovane gufo continua a volare sfruttando le correnti d'aria, così da stancarsi il meno possibile.

Poi decide di fermarsi accanto ad uno stagno, circondato da una verde vallata con poche case in lontananza. Lui ancora non lo sa ma è arrivato a Valleserena, dove troverà la sua casa e si fermerà a vivere per sempre.

CAPITOLO 5

BLU E LA GANG DEI GUFI

Appena arrivato al laghetto di Valleserena, il nostro Blu vede un grosso albero proprio accanto alla riva e avvicinandosi ad esso scorge quattro gufi che stanno pisolando su un ramo. Si sa che è abitudine dei gufi raggrupparsi tutti insieme per dormire, perciò anche Blu si posa accanto a loro.

Ad un tratto il più grasso dei quattro esclama: "Ehi fratello, da dove arrivi a quest'ora tarda? Hai forse perso la strada"

"No" risponde Blu "sto scappando dalla città e da un uomo che mi aveva catturato e chiuso in una gabbia. Questo posto è sicuro?"

"Sì fratello, è più che sicuro" e dando un colpetto d'ala al gufo che gli è accanto continua "Ehi Jack sveglia la truppa, abbiamo un nuovo inquilino! Io sono Strano, questo accanto a me è Jack, l'altro è Joe e infine c'è Porfiria"

"Ciao ragazzi, io mi chiamo Blu e sono stanco morto perché ho volato per molti chilometri"

"Allora fermati qui con noi, questa è Valleserena, un posto molto tranquillo dove è facile cacciare" dice Porfiria.

"Va bene amici, ho proprio bisogno di restare per un po' di tempo nello stesso luogo. Sono mesi ormai che viaggio e ho visto molti posti, e quello che mi è piaciuto di meno è la città. Troppa confusione, troppi pericoli!"

"Qui ti troverai sicuramente bene!" esclama un altro gufo. Ed è così che i cinque pennuti diventano amici inseparabili: dormono sullo stesso ramo, cacciano nella stessa zona, e passano molto del loro tempo insieme. Solo Strano di tanto in tanto preferisce cacciare da solo e litiga col resto del gruppo per il suo modo bizzarro di fare.

"Strano" gli chiede Jack "Stiamo andando a caccia. Tu vieni?"

"No" risponde seccato Strano. "Voi siete dei primitivi, fratello! Io sono per l'innovazione, il progresso. Basta con questa caccia dall'alto, solo perché possiamo girare la testa tutt'intorno. Basta con lo scendere in picchiata sulle prede! Io passerò alla storia come il primo gufo che ha cacciato in appostamento. Fratelli, io sarò il capostipite di una nuova generazione, quella dei gufi da cespuglio!"

"Ma che cespuglio e cespuglio" ribatte Joe "Sono giorni che cerchi invano di catturare quella coniglietta dal pelo un po' arruffato, che ha la tana vicino alla grande quercia!"

"Già" continua Porfiria "te la sei fatta scappare tantissime volte."

"Ma perché vuoi fare gli appostamenti?" chiede Blu incuriosito.

"Fratello è dal basso che si apprezzano le cose che stanno in alto! E ora l'avventura mi aspetta. Ci ritroviamo sul solito ramo, quando il sole comincia a scottare. A dopo".

E così dicendo spicca il volo, e in un batter d'ali raggiunge la grande quercia, plana dolcemente sul terreno e si apposta dietro un cespuglio di more, proprio davanti alla tana della coniglietta Momì. Ma la piccoletta sa bene che c'è qualcuno dietro il cespuglio e così scappa dall'uscita d'emergenza, che ha scavato due sere prima. Strano aspetta e aspetta, e visto che un po' si annoia, comincia a mangiucchiare le belle more nere dal cespuglio, finché sazio e un po' assonnato si stende a terra col pancione all'aria e si addormenta.

Le avventure di Valleserena

Dopo quasi un'ora ecco arrivare Blu, che appena si accorge di Strano, pensa di spaventarlo lanciandogli addosso un ramo che ha raccolto poco distante.

"Per la zampa di mio nonno!" esclama spaventato Strano. "Che succede?"

"Succede che è giorno inoltrato e dobbiamo raggrupparci sul nostro ramo." Gli risponde Blu ridendo. Così i due gufi tornano insieme al loro punto di ritrovo.

Joe, Jack e Porfiria hanno già occupato il loro solito posto e li stanno aspettando. I cinque gufi si posizionano uno accanto all'altro e cominciano a chiacchierare, mentre dalla pancia di Strano arrivano dei rumori sospetti.

All'improvviso si sente una specie di sibilo sordo e l'aria viene invasa da un odore nauseabondo. "Ma cos'è questo tanfo? C'è qualche cadavere in giro?" chiede Blu tappandosi le fessure sul becco con le ali.

"E' insopportabile!"

"Ma che cadavere e cadavere!" esclama Jack "Strano ha colpito ancora con una delle sue bombe di gas asfissiante! Confessa: cos' hai mangiato stavolta?"

"Solo un po' di more, in attesa della preda…" confessa un po' impacciato Strano. "Noi siamo carnivori, quante volte te lo devo ripetere!" esclama Porfiria porgendo al gufo puzzone una preda che ha catturato quella mattina. "Ok, ok. Ma la verdura mi piace molto." Cerca di spiegare Strano.

"Ma che verdura e verdura, le more sono frutti di bosco! E ora sarà meglio riposare fino al tramonto e stasera verrai a caccia con noi."

Conclude Joe con un occhio già mezzo chiuso dal sonno. E, uno dopo l'altro, i cinque gufi si addormentano sazi e felici.

CAPITOLO 6

PERSONE BUONE E PERSONE CATTIVE

I giorni e le notti si susseguono veloci per i cinque amici gufi, tra la caccia e i divertimenti. Finchè una mattina di fine settembre, quando già qualche foglia comincia a colorarsi di giallo e di rosso, accade la tragedia.

Blu e Porfiria sono a caccia di buon mattino quando si accorgono che c'è qualcosa che non va nel bosco di Valleserena.
"Blu cos'è quel fumo là in fondo? C'è un odore nuovo e acre stamattina" dice Porfiria preoccupata.

"Presto andiamo a vedere" le risponde Blu.

Così i due gufi si dirigono verso la zona sospetta e si trovano di fronte ad un incendio: alte fiamme stanno distruggendo il bosco, mentre molti animali e uccelli svegliatisi di soprassalto, scappano spaventati.

"Presto diamo l'allarme!" grida Blu. Così lui e Porfiria cominciano a volare intorno all'incendio per avvisare tutti gli abitanti del bosco. "Pericolo, incendio, sveglia sveglia! Scappate verso lo stagno" urlano i gufi. Le fiamme, però, avanzano veloci, così i due gufi decidono di andare ad avvertire Joe, Jack e Strano. Ma arrivati al ramo dove si raggruppano di solito non trovano nessuno dei loro amici. "Forse sono andati a caccia" dice Porfiria.

"Allora è meglio dividerci: io vado a cercare Joe e Jack che di solito vanno alla grande roccia e tu vai alla quercia a cercare Strano. Sicuramente lui è appostato davanti alla tana della coniglietta" risponde Blu e vola via veloce.

Porfiria si alza in volo e capisce subito che l'incendio sta avanzando in fretta. Appena avvista Strano, la gufetta lo avverte di scappare subito, ma come al solito, il suo amico gufo si rifiuta di seguirla.

"Senti, Porfiria, io le cose le voglio fare a modo mio. Cos'è ora questa storia dell'incendio? Io sono nel bel mezzo di un appostamento, non posso abbandonare proprio ora la postazione! Devo catturare questa coniglietta. Costi quel che costi!"
"Non dire stupidaggini Strano. Dobbiamo andare via, c'è l'incendio, siamo tutti in pericolo."
E mentre Porfiria cerca di convincere il suo amico gufo a seguirla, ecco arrivare correndo gli animali del bosco.
"Scappiamo, scappiamo!" grida Porfiria "prima che il fumo ci soffochi!"

Così anche Strano si alza finalmente in volo, ma ormai è troppo tardi per Porfiria, che cade

a terra stordita. Strano intanto continua il suo volo fino al lago, dove Blu e gli altri gufi li stanno aspettando.

"Dov'è Porfiria?" chiede Jack, vedendo Strano da solo. "Era dietro di me, non so dove sia finita." Risponde Strano guardandosi attorno stupito.

"Devo tornare subito indietro a cercarla o morirà. Tocca a me salvarla."

"E' troppo tardi" dice Blu "sono arrivati gli uomini con delle strane macchine che spruzzano acqua per spegnere l'incendio e c'è troppo fumo. Allontanatevi dall'altra parte del lago. Io ho visto alcune persone con delle gabbie, dove stanno chiudendo gli animali feriti che non possono scappare. Forse anche Porfiria è ferita e di sicuro si sarà nascosta da qualche parte. Appena le fiamme saranno spente, andrò a cercarla, e poi vi raggiungeremo."

Strano non vorrebbe volare via, si sente in

colpa perché non ha dato ascolto subito a Porfiria, così lei non si è messa in salvo in tempo. I suoi amici gufi lo rassicurano: Porfiria è in gamba, sa badare a se stessa ed è meglio non farsi notare dagli uomini o cattureranno anche loro. Così resta solo Blu sul posto, continuando a volare intorno al camioncino dove sono le gabbie per gli animali.

Il giorno passa così, e solo a sera gli uomini riescono a spegnere l'incendio. Il gruppo di persone che catturano gli animali feriti ha riempito molte gabbie, ma Porfiria ancora non c'è, e quando ormai Blu ha deciso di cercarla nel bosco, ecco apparire una donna con la sua amica avvolta in una coperta. Porfiria grida spaventata, cercando invano di liberarsi.

"E' viva" pensa Blu rispondendo alle sue grida per rassicurarla. Poi la donna sale sul furgoncino insieme alle altre persone e lasciano Valleserena senza che Blu possa fare niente per liberare la sua amica.

Il giovane gufo è molto legato a Porfiria. "Non la lascerò sola" pensa "seguirò quel camion ovunque vada e prima o poi la libererò. Prima, però, devo avvertire gli altri così sapranno che è viva."

Detto fatto, Blu avverte Joe, Jack e Strano, poi inizia a seguire il furgoncino. Dopo molte ore di viaggio, il furgone finalmente si ferma davanti a uno strano posto sul cui cancello c'è il disegno di un animale e, al cui interno ci sono molti animali e uccelli, chiusi in recinti o in grandi gabbie. Porfiria viene portata dentro una piccola casa e Blu, non sapendo che fare, si rifugia su un albero lì vicino per passare la notte.

Per molte lune Blu non sa più niente della sua amica, ma non è più preoccupato: gli uccelli che vivono vicino a quello strano posto gli hanno detto che ci sono persone cattive, che uccidono gli animali selvatici o che appiccano incendi, e persone buone, che li curano e poi li rimettono in libertà. Così Blu aspetta fiducioso ogni giorno di vedere uscire Porfiria, finchè una bella mattina, gli animali di Valleserena, e anche Porfiria vengono caricati di nuovo sul furgoncino, chiusi nelle gabbie. Blu è così felice che comincia a volare vicino al cancello, gridando "Porfiria sono qui!".

A Porfiria sembra impossibile che quella sia proprio la voce di Blu, così continua a chiamarlo ancora e ancora. Poi il furgone parte, seguito da Blu e dopo molte ore ecco Valleserena in lontananza.

Allora Blu decide di precedere il furgone per avvertire i suoi amici gufi e tutti gli altri animali che tutti quelli che erano stati catturati stanno tornando a casa sani e salvi.

È incredibile: vicino al laghetto di Valleserena, qualcuno ha messo un cartello che ricorda quello che c'era sul cancello del posto dov'è stata rinchiusa Porfiria.

"Che vorrà dire?" si chiede Blu.

Il bosco con l'arrivo della primavera sta rinascendo e, incredibilmente, il grande albero, dove lui e i suoi amici si radunavano, è sopravvissuto all'incendio.

Ed eccoli: Joe, Jack e Strano sul loro solito ramo, che spiccano il volo felici e gli vanno incontro per conoscere le novità che solo Blu sa.

Mezz'ora e anche il furgone è lì. Due ragazzi prendono le gabbie una alla volta e liberano tutti gli animali. Porfiria è di nuovo libera e ha tante cose da raccontare ai suoi amici. Poi vede il cartello e dice: "Ora nessuno più farà del male al nostro bosco o a noi, perché gli uomini hanno messo il loro sigillo di protezione a questo posto."

Così insieme al resto della gang dei gufi vola nel bosco: mille e più avventure li aspettano, ed io, prima o poi, ve le racconterò...

Le avventure di Valleserena

INDICE

Un girino biricchino

Pagina 9

Mamma Flo e i suoi piccoli

Pagina 20

German l'anatra esploratrice

Pagina 29

Binni, Betti e Blu

Pagina 48

Blu e la Gang dei Gufi

Pagina 65

Persone buone e persone cattive

Pagina 72

TONIA AVITABILE

Ispirata dalla natura e dalla campagna in cui vive, Tonia (Antonietta) Avitabile racconta storie di animali da oltre trent'anni. Ha iniziato trentatrè anni fa, appena dopo essere diventata mamma, inventando racconti fantastici per dare la buonanotte ai suoi tre figli. Solo nel 2017, in seguito alla nascita del primo nipotino, ha deciso che era ora di mettere per iscritto i suoi racconti, integrandoli con illustrazioni dipinte a mano. Nel tempo libero oltre a scrivere pratica yoga, dipinge e si dedica all'apicoltura e all'agricoltura. Ha un'attività turistica che gestisce personalmente e che è stata di ispirazione per il suo primo romanzo "Oltre l'oceano", edito da Aletti nel luglio 2018. Ha inoltre scritto, sempre per Aletti Editore, il racconto breve "Elsa", letto e interpretato da Alessandro Quasimodo.

Copyright © 2021 - Antonietta Avitabile

Youcanprint
Finito di stampare nel mese di giugno 2021